BEI GRIN MACHT SICH IHR WISSEN BEZAHLT

AF153480

- Wir veröffentlichen Ihre Hausarbeit, Bachelor- und Masterarbeit

- Ihr eigenes eBook und Buch - weltweit in allen wichtigen Shops

- Verdienen Sie an jedem Verkauf

Jetzt bei www.GRIN.com hochladen und kostenlos publizieren

Gesundheit als Führungsaufgabe

Saskia Haschke

Bibliografische Information der Deutschen Nationalbibliothek:

Die Deutsche Nationalbibliothek verzeichnet diese Publikation in der Deutschen Nationalbibliografie; detaillierte bibliografische Daten sind im Internet über http://dnb.d-nb.de abrufbar.

ISBN: 9783346793454
Dieses Buch ist auch als E-Book erhältlich.

© GRIN Publishing GmbH
Nymphenburger Straße 86
80636 München

Druck und Bindung: Books on Demand GmbH, Norderstedt Germany
Gedruckt auf säurefreiem Papier aus verantwortungsvollen Quellen

Das vorliegende Werk wurde sorgfältig erarbeitet. Dennoch übernehmen Autoren und Verlag für die Richtigkeit von Angaben, Hinweisen, Links und Ratschlägen sowie eventuelle Druckfehler keine Haftung.

Das Buch bei GRIN: https://www.grin.com/document/1278620

Einsendeaufgabe

Gesundheit als Führungsaufgabe

Abgegeben am: 19. November 2019

Modul: Gesundheit als Führungsaufgabe (Wahlmodul: 5./6. Semester)
Studiengang: Betriebswirtschaft und Management (B.A.)

von
Saskia Haschke
Studiengang: Betriebswirtschaft und Management (B.A.)

Inhaltsverzeichnis
(Alternative C)

Abkürzungsverzeichnis

bzw.	beziehungsweise
o. A.	ohne Angabe
o. ä.	oder ähnlich
o. J.	ohne Jahr
Vgl.	Vergleich
vs.	versus
z. B.	zum Beispiel

Aufgabe 1

A 1.1 Der Unterschied zwischen Personaler Führung und Struktureller Führung

Für die Führungskräfte von heute gibt es mittlerweile eine Vielzahl an Verhaltensweisen, wie man seine Mitarbeiter führen kann. Im Folgenden wird sowohl die Personale Führung näher erläutert, bei der die Mitarbeiter vom Vorgesetzten direkt geführt werden, als auch die Strukturelle Führung, die die Belegschaft mittels eines Führungssystems lenkt.[1]

Bei der **Personalen Führung** tritt der Vorgesetzte in direkten Kontakt zu seinen Mitarbeitern, weshalb diese Form auch häufig „Interaktionale Führung" genannt wird. Das Verhalten der Führungskraft, wie z. B. Anweisungen oder die Vorbildwirkung, bewirkt demnach, dass sich die Mitarbeiter so verhalten, wie dies vom Führenden vorgesehen ist.[2]

Die Personale Führung bewegt sich somit zwischen zwei Polen: der Führung durch die Position (der Vorgesetzte) und die Führung durch die soziale Beziehung. Da sich Menschen üblicherweise nicht einfach so Regeln oder Prozessen unterwerfen wollen, versuchen die Führungskräfte die Mitarbeiter auf der Beziehungsebene dazu zu bringen ihre Arbeit zu ihrem eigenen Anliegen zu machen. Die Arbeitskräfte erlangen dadurch Orientierung und werden zusätzlich sowohl gefordert wie auch gefördert ihren Beitrag an der gemeinsamen Sache zu leisten.[3]

Der personale Führungsstil zeichnet sich daher durch eine unmittelbare, absichtliche und zielbezogene Einflussnahme bestimmter Personen (in diesem Fall die Führungskraft) auf andere Personen bzw. Untergebene (hier die Mitarbeiter) aus.[4]

Außerdem lebt die Personale Führung von der Face-to-Face-Beziehung zwischen dem Führenden und dem Geführten, die sich durch einen direkten und regelmäßigen Kontakt auszeichnet. Face-to-Face-Beziehung bedeutet hier

---

[1] Vgl. *Berger* (2018), S. 77
[2] Vgl. *Berger* (2018), S. 79; Vgl. *Mikisek* (2017), S. 57
[3] Vgl. *Berger* (2018), S. 341-342
[4] Vgl. *Spektrum der Wissenschaft Verlagsgesellschaft mbH* (o. J.)

4

jedoch nicht, dass der Kontakt ausschließlich persönlich stattfinden muss. Auch über E-Mails, Telefonate, Videokonferenzen o. ä. lässt sich der Effekt übertragen.[5]

Bei der **Strukturellen Führung** hingegen werden die Mitarbeiter nicht nur mittels eines direkten und persönlichen Kontakts geführt, sondern auch Strukturen und Bedingungen geschaffen, die die Belegschaft leiten sollen.[6] Konkret bedeutet dies, dass Normen, Regeln, Arbeitsprozesse sowie ungeschriebene Regeln der Unternehmenskultur aufgestellt werden, die als ganzheitliches Führungssystem den Rahmen für die Umsetzung der Personalen Führung stellen. Aus diesem Grund ergänzen sich die beiden Führungsweisen in der Praxis häufig.[7]

Hintergrund ist, dass die Mitarbeiter nicht nur durch das Verhalten des Vorgesetzten gezielt beeinflusst werden können, sondern auch indirekt durch umfeldbezogene Größen, die die Aktivitäten der Mitarbeiter entweder behindern, unterstützen oder gar erst ermöglichen können.[8]

Die Verhaltensbeeinflussung findet somit durch das geschaffene Umfeld und die gegebenen Voraussetzungen statt, weshalb beispielsweise ein Mitarbeiter auch nur dann Verantwortung übernehmen kann oder bei seiner täglichen Arbeit nur dann flexibel agieren kann, wenn ihm ein entsprechender Handlungsspielraum eingeräumt wird. Der Rahmen für die Strukturelle Führung wird in der Regel von den Mitarbeitern auf der Topmanagementebene eines Unternehmens festgelegt, wobei hier dann auch die Verantwortung liegt.[9]

Im Gegensatz zur Personalen Führung erfolgt die Strukturelle Führung demnach indirekt und verläuft wesentlich anonymer und unmerklicher ab. Ein weiterer Unterschied besteht im Kontext und in den Führungsmedien, die bei der Strukturellen Führung eine sehr viel größere Rolle spielen. Denn die strukturelle Führungsweise zeichnet aus, dass Medien die Arbeitssituation zum einen gestalten und sie zum anderen auch kontrollieren, ohne dass dabei eine Führungskraft anwesend sein muss.[10]

---

[5] Vgl. *Mikisek* (2017), S. 57
[6] Vgl. *Mikisek* (2017), S. 61
[7] Vgl. *Berger* (2018), S. 79, 341
[8] Vgl. *Kira Volgmann* (2017); Vgl. *Mikisek* (2017), S. 61
[9] Vgl. *Mikisek* (2017), S. 61
[10] Vgl. *Mikisek* (2017), S. 62

Aus diesem Grund bezeichnet man die Strukturelle Führung auch als "entpersonalisiert" oder "apersonal". Zu den genutzten Medien zählen Technologien (maschinell geregelte Arbeitsprozesse, Arbeitszeiterfassung, computerisierte Abläufe), Bürokratie (Regeln, Formulare, vorstrukturierte Verfahren), Differenzierung (Unterscheidung der Mitarbeiter z. B. hinsichtlich der hierarchischen Stellung) und die Unternehmenskultur (Werte, Haltungen und die daraus abgeleiteten Handlungsweisen).[11]

A 1.2 Beispiele für die Personale und die Strukturelle Führung (Führungsinstrumente)

Ein angewandtes Instrument der Personalen Führung ist die **Personalbeurteilung**, mit Hilfe derer die Leistung, das Potenzial und das Verhalten eines Mitarbeiters bewertet werden.[12]

Die Ergebnisse geben darüber Aufschluss, welche Entscheidungen hinsichtlich Personalentwicklung, -platzierung und -vergütung zu treffen sind. Ziel dabei ist es anhand der Beurteilungen die Zuteilung von Ressourcen plausibel und transparent begründen zu können, um beispielsweise eine leistungsgerechte Entlohnung zu gewährleisten.[13]

Personalbeurteilungen bilden vor allem aber auch die Grundlage für Personalentscheidungen, wodurch verdeutlicht wird, dass es für die Unternehmen nicht um die Frage geht, ob Personalbeurteilungen durchgeführt werden sollen, sondern auf welche Art und Weise sie zu realisieren sind.[14]

Ein weiteres Instrument der Personalen Führung sind **Anreizsysteme**. Häufig werden sie auch als "Personalmotivationsinstrumente" bezeichnet, da sie die Arbeitsbedingungen für die Mitarbeiter bewusst so gestalten, dass bestimmte Verhaltensweisen gezielt verstärkt werden und die Auftrittswahrscheinlichkeit nicht gewünschter Verhaltensweisen vermindert wird.[15]

Die Vielfalt an positiven und negativen Anreizsystemen (Belohnungs- und

---

[11] Vgl. *Mikisek* (2017), S. 62-63
[12] Vgl. *Fegert et al.* (2018), S. 496; Vgl. *Mikisek* (2017), S. 60; Vgl. *Treier* (2019), S. 214
[13] Vgl. *Fegert et al.* (2018), S. 154, 496; Vgl. *Treier* (2019), S. 216-217
[14] Vgl. *Treier* (2019), S. 217-218
[15] Vgl. *Mikisek* (2017), S. 60; Vgl. *Treier* (2019), S. 308

Bestrafungssysteme) erfordert zum besseren Verständnis eine Kategorisierung. Dieses Führungsinstrument kann man beispielsweise in materielle Anreize (Motivation durch finanzielle Mittel, Gutscheine, Freizeitmöglichkeiten o. ä.) und immaterielle Anreize (z. B. Freiraum bei der Aufgabengestaltung, Lob, Anerkennung) unterteilen. Zudem kann die Anreizquelle in intrinsisch, also vom Mitarbeiter selbst gefunden, und extrinsisch, von außen bzw. von der Führungskraft vorgegeben, gegliedert werden.[16]

Somit stellt das ganze Unternehmen ein Anreizsystem dar, das darauf abzielt die Mitarbeiter zu einem bestimmten Arbeits- und Leistungsverhalten anzuspornen. Ein Unternehmen hat als Anreizsystem letztlich folgende Funktionen:[17]

- **Aktivierungsfunktion:** Aktivierung und Motivation der Mitarbeiter für eine bessere Nutzung der Qualifikationen.
- **Steuerungsfunktion:** Nachhaltige Beeinflussung der Mitarbeit durch positive und negative Sanktionen.
- **Informationsfunktion:** Die Mitarbeiter erfahren durch Informationen über die Strategie, die Organisationskultur o. ä. was im Unternehmen gerade angesagt ist.
- **Veränderungsfunktion:** Verdeutlichen und publik machen, welche Anforderungen an die Mitarbeiter sich verändert haben.

Ein angewandtes Instrument der Strukturellen Führung ist die **Stellenbeschreibung**, die für die Personalplanung unentbehrlich ist und daher ein gut organisiertes Unternehmen ausmacht. Allerdings muss man festhalten, dass eine Stellenbeschreibung erst in Kombination mit anderen Führungsinstrumenten ihre volle Wirkung erlangen kann.[18]

Ein Stellenprofil beinhaltet für gewöhnlich die Aufgaben des Mitarbeiters, den Zweck der Stelle und die damit verbundenen Anforderungen wie Aus- und Weiterbildung, zusätzlich geforderte Qualifikationen, die gewünschten Sozialkompetenzen sowie eine ungefähre Gehaltsangabe.[19]

Die Stellenbeschreibung dient als Orientierungsstütze, sowohl für den

---

[16] Vgl. *Mikisek* (2017), S. 60; Vgl. *Treier* (2019), S. 308, 324; Vgl. *Von Au* (2018), S. 80-81, 85
[17] Vgl. *Mikisek* (2017), S. 60-61
[18] Vgl. *b-wise GmbH* (2019); Vgl. *Mikisek* (2017), S. 67; Vgl. *Ulmer* (2019), S. 30, 36
[19] Vgl. *b-wise GmbH* (2019); Vgl. *Lippmann/Pfister/Jörg* (2019), S. 490; Vgl. *Ulmer* (2019), S. 47

Vorgesetzten als auch für den Mitarbeiter, und erleichtert deshalb das Führen und Arbeiten in immer komplexer werdenden Arbeitsprozessen. Auf der Grundlage einer Stellenbeschreibung können daher Prozesse gestaltet und aufeinander abgestimmt werden, Meinungsverschiedenheiten ausgeräumt werden und Maßnahmen getroffen werden, um den Mitarbeiter in puncto Personalentwicklung oder Weiterbildung zu fördern.[20]

Ein weiteres Instrument der Strukturellen Führung sind die sogenannten **Management-by-Techniken.** Hierbei handelt es sich um verschiedene Verfahren und Verhaltensweisen, die ein Unternehmen nutzen kann, um Führungsaufgaben zu bewältigen.[21]

Nachfolgend werden einige Konzepte kurz erläutert. Es ist jedoch anzumerken, dass es sich hier lediglich um Teilaspekte eines ganzen Führungssystems handelt[22]:

- **Management-by-Delegation:**[23]
  Die Führungskraft delegiert Aufgaben und Verantwortung an einzelne Mitarbeiter oder Gruppen, um sich selbst zu entlasten. Bei den Aufgaben handelt es sich meist um Routineaufgaben. Sowohl Führungsaufgaben als auch Aufgaben mit weitreichenden Konsequenzen gehören nicht dazu.

- **Management-by-Objectives:**[24]
  Dieses Konzept bedeutet so viel wie "Führung durch Ziele". In diesem Fall geht es um die Vereinbarung von Zielen für die delegierten Aufgaben. Die Aufgabe der Führungskraft besteht dann nur noch in der Kontrolle der besprochenen Ziele.

- **Management-by-Results:**[25]
  Auch hier werden, ähnlich wie bei Management-by-Objectives, den Mitarbeitern Ziele und erwartete Ergebnisse vorgegeben. Dieses Führungskonzept ist allerdings sehr viel autoritärer, da die Mitarbeiter nur wenig Mitspracherecht haben.

---

[20] Vgl. *b-wise GmbH* (2019); Vgl. *Ulmer* (2019), S. 59
[21] Vgl. *Lernkarten Verlag* (o. J.)
[22] Vgl. *Mikisek* (2017), S. 65
[23] Vgl. *Lernkarten Verlag* (o. J.); Vgl. *Mikisek* (2017), S. 65; Vgl. *Von Känel* (2018), S. 322
[24] Vgl. *Lernkarten Verlag* (o. J.); Vgl. *Von Känel* (2018), S. 322
[25] Vgl. *Mikisek* (2017), S. 65; Vgl. *Wirtschaftslexikon24.com* (o. J.)

- **Management-by-Participation:**[26]
Der Vorgesetzte lässt die Mitarbeiter an wichtigen Entscheidungs-
prozessen teilhaben. Dies führt zu einer stärkeren Identifikation mit dem
eigenen Unternehmen, was wiederum die Arbeitsleistung steigert.

- **Management-by-Motivation:**[27]
Die Bedürfnisse der Mitarbeiter stehen hierbei im Mittelpunkt. Da
Maßnahmen materieller Art nur eine kurzfristige Anreizfunktion
zugeschrieben wird, konzentriert man sich eher auf Maßnahmen, die die
Mitarbeiter anhaltend motivieren. Dazu gehören z. B. mehr Verantwortung,
Beteiligung an der Zielerreichung sowie der Wandel von der Fremd- zur
Selbstkontrolle.

Aufgabe 2

**Welche Dilemmata können sich in der Praxis zwischen der Personalen
und der Strukturellen Führung ergeben und welche Konsequenzen
resultieren eventuell daraus für die Gesundheit der Mitarbeiter?**

Die Mitarbeiter gehören zu den bedeutungsvollsten Faktoren in einem Betrieb,
da letztlich von ihnen der Erfolg eines jeden Unternehmens abhängig ist.
Dementsprechend ist die Gesundheit der Mitarbeiter ein hohes Gut, dass
präventiv behandelt werden muss, denn vor allem in Krisenzeiten, in denen die
Angestellten zusätzlichen Belastungen ausgesetzt sind, kommt dem Erhalt der
Leistungsfähigkeit eine wichtige Bedeutung zu.[28]
Die Aufgabe der Unternehmen besteht somit darin, gesundheitsfördernde
Arbeitsbedingungen zu schaffen, die dem Erhalt der Gesundheit dienen.
Insbesondere das Führungsverhalten eines Vorgesetzten, egal ob bewusst oder
unbewusst, kann auf sehr vielfältige Weise Einfluss auf die Mitarbeiter, und damit
deren Gesundheit und Wohlbefinden, haben. In der Praxis heißt es deshalb oft
"Gute Chefs haben gesunde Mitarbeiter", denn wer in der Lage ist sich selbst gut

---

[26] Vgl. *Mikisek* (2017), S. 65; Vgl. *Von Känel* (2018), S. 322
[27] Vgl. *Mikisek* (2017), S. 65; Vgl. *Von Känel* (2018), S. 322; Vgl. *Wirtschaftslexikon24.com*
(o. J.)
[28] Vgl. *b-wise GmbH* (2010)

zu führen, der bringt auch die nötigen Voraussetzungen mit, andere Personen gut führen zu können und folglich ein empathisches, motivierendes und wegweisendes Vorbild zu sein.[29]

Im Berufsleben sind die Vorgesetzten jedoch häufig sowohl internen als auch externen Zwängen und Beeinflussungen ausgesetzt und erhalten somit Druck von oben wie von unten. Nimmt ein Vorgesetzter solch einen Zwang als Widerspruch zu persönlichen Motiven und Werten wahr, da er nicht nur Führungskraft ist, sondern selbst auch Mitarbeiter, entsteht ein Dilemma in Form eines Intrarollenkonflikts. Solche Widersprüche gehören aber zum Alltag einer Führungskraft. Notgedrungen müssen sie lernen damit klar zu kommen. In der Regel können die Vorgesetzten über ihr Führungsverhalten nicht frei entscheiden, sondern werden dazu angehalten zwischen den möglichen Folgen abzuwägen und dementsprechend ihre Entscheidungen zu treffen.[30]

In Aufgabe 1.1 wurde bereits der personale sowie der strukturelle Führungsstil beschrieben. Nachfolgend werden nun einige Dilemmata erläutert, die sich zwischen diesen beiden Führungsstilen ergeben können:

- **Mittel (strukturell) vs. Zweck (personal):**[31]
  Bei der Strukturellen Führung wird der Mitarbeiter eher als Instrument oder Kostenfaktor im ganzen System betrachtet, wohingegen bei der Personalen Führung die Motivbefriedigung und die Selbstverwirklichung des Angestellten mehr im Vordergrund stehen.
- **Bewahrung (strukturell) vs. Veränderung (personal):**[32]
  Durch die vorgegebenen Strukturen in Form von Normen, Regeln und Arbeitsprozessen ist der strukturelle Führungsstil stark von Stabilität geprägt und braucht daher etwas länger, um Veränderungen durch-zuführen. Die Personale Führung ist dagegen sehr viel flexibler und somit weitaus schneller in der Umsetzung von Veränderungen.

---

[29] Vgl. *b-wise GmbH* (2010); Vgl. *Mikisek* (2017), S. 56-57; Vgl. *WEKA MEDIA GmbH & Co. KG* (2017)
[30] Vgl. *Mikisek* (2017), S. 114; Vgl. *novo per motio KG* (2012)
[31] Vgl. *Mikisek* (2017), S. 114
[32] Vgl. *Mikisek* (2017), S. 114

- **Zurückhaltung (strukturell) vs. Aktivierung (personal):**[33]
  Bei der Strukturellen Führung wartet die Führungskraft ab, was passiert und mischt sich nicht sofort in das Geschehen der Mitarbeiter mit ein. Bei der Personalen Führung findet allerdings ein sehr direkter Austausch mit dem Mitarbeiter statt. Die Angestellten werden hier stark motiviert, z. B. durch Anreizsysteme, um ihre Begeisterung für die gemeinsame Sache hervorzurufen.

- **Wertorientierung (strukturell) vs. Belohnungsorientierung (personal):**[34]
  Aufgrund der bereits erwähnten Strukturen in Form von Normen, Regeln o. ä., ist die Strukturelle Führung eher wertorientiert und auf langfristige Perspektiven ausgerichtet. Die Personale Führung hingegen stützt sich auf sofortige Belohnungen sowie Bestrafungen und ist daher eher kurzfristig ausgelegt.

Heutzutage gibt es immer weniger Unternehmen, die einen strukturellen Führungsstil verfolgen. Der Arbeitsalltag in vielen Firmen zeigt, dass es mittlerweile kaum mehr klare Strukturen, formale Abläufe oder festgelegte Kommunikationswege gibt. Lange Zeit hat solch eine Unternehmenskultur den Angestellten Sicherheit gegeben, doch inzwischen geht der Trend mehr und mehr hin zur Agilität. In Studien wird deshalb häufig die Personale Führung als der gesündere Führungsstil benannt, da sich die direkte Führung in Kombination mit der Selbst- und Mitarbeiterführung als gesundheitsfördernder herausgestellt hat.[35]

Der Grund ist vor allem der, dass der Vorgesetzte bei der Personalen Führung nicht nur mehr Freiraum dafür hat, wie er seine Angestellten führen möchte, sondern sich besonders in puncto Selbstführung freier entfalten kann – denn, wie bereits oberhalb erwähnt, gesunde Führung beginnt bei der eigenen Person.[36]

Zu einem gesundheitsförderlichen Führungsverhalten zählen demnach in erster Linie Verhaltensweisen, die dazu führen, dass die Arbeitsbedingungen, die Arbeitsorganisation und die Arbeitszeiten für die Mitarbeiter und natürlich auch

---

[33] Vgl. *Mikisek* (2017), S. 114
[34] Vgl. *Mikisek* (2017), S. 114
[35] Vgl. *Bernatzeder* (2018), S. 4; Vgl. *Möltner/Benkhofer/Hülsbeck* (2016), S. 5, 7
[36] Vgl. *Möltner/Benkhofer/Hülsbeck* (2016), S. 7

für die Führungskraft selbst so gestaltet werden, dass Stress, Überforderung und Überlastung vermieden werden oder im Notfall früh erkannt werden können. Durch ihr gesundes Führungsverhalten fungieren die Vorgesetzten auf diese Weise als Vorbild und bringen die Mitarbeiter dazu, die gesunden Verhaltensweisen nachzuahmen.[37]

Außerdem ist die Personale Führung von Vertrauen, sozialer Unterstützung, Anerkennung, Förderung, Wertschätzung und der richtigen Balance zwischen Verausgabung und Gratifikation geprägt, was wiederum zu einem hohen Wohlfühlfaktor am Arbeitsplatz beiträgt und sich dadurch natürlich positiv auf die Gesundheit auswirkt.[38]

Es gibt jedoch auch bei der Strukturellen Führung Faktoren, die sich positiv auf die Gesundheit der Mitarbeiter auswirken. Für die Führung ist z. B. eine Firmenkultur mit strukturellen Merkmalen, wie festgelegte Abteilungsgrößen, förderlich. Darüber hinaus sollte das Unternehmen mit einer Gesundheitskultur den Rahmen vorgeben, inwiefern Gesundheitsförderung und Arbeitssicherheit im Betrieb verankert und von den Angestellten gelebt werden sollen.[39]

Im Allgemeinen kann man sagen, dass eine gesunde Strukturelle Führung dann besteht, wenn Prozesse, Systeme, Regeln, Normen, Entgelt sowie Karrierepläne so optimiert werden, dass sie sich gesundheitsfördernd auf die Belegschaft auswirken.[40]

Beim strukturellen Führungsstil sollte allerdings besonders darauf geachtet werden, dass die Mitarbeiter bei den Maßnahmen aktiv mit eingebunden werden sowie das Thema Gesundheit innerhalb des Unternehmens stärker kommuniziert wird. Durch die aktive Beteiligung an Gesundheitsmaßnahmen fällt es den Angestellten später so deutlich leichter Veränderungen und Verbesserungen zu akzeptieren[41]

---

[37] Vgl. *Möltner/Benkhofer/Hülsbeck* (2016), S. 7
[38] Vgl. *Mikisek* (2017), S. 58
[39] Vgl. *Möltner/Benkhofer/Hülsbeck* (2016), S. 9
[40] Vgl. *Mikisek* (2017), S. 63
[41] Vgl. *Mikisek* (2017), S. 64

Ein großes Problem in vielen Unternehmen besteht jedoch darin, dass die Mitarbeiter schlecht geführt werden. Dies kann personale wie auch strukturelle Ursachen haben.

Häufig werden allerdings strukturelle Faktoren genannt, die zu Problemen am Arbeitsplatz führen. Hierzu gehören beispielsweise unklare Ziele, mangelnde oder halbherzige Entscheidungen sowie eine schlechte Unternehmenskultur. Man kann erkennen, dass das Problem in vielen Fällen, entgegen der Annahmen, nicht bei der Führungskraft selbst liegt, sondern dass sowohl die Unternehmensstruktur wie auch die Unternehmenskultur oft die Ursachen für eine schlechte Führung sind.[42]

Probleme in der Personalen Führung bestehen z. B., wenn die Führungskraft ihre Mitarbeiter zu wenig managt. Aufgrund dessen, dass sich der Vorgesetzte in den Jahren zuvor durch seine fachlichen Leistungen gegen andere Kollegen durchsetzen konnte, fällt es ihm nun schwer der Führungsaufgabe nachzukommen und beschäftigt sich deshalb oft mehr mit den fachlichen Aufgaben. Außerdem kursiert der Ansatz, dass es gut ist, wenn sich ein Vorgesetzter nur wenig in die Aufgaben seiner Mitarbeiter einmischt, denn so zeigt man, dass man seinen Angestellten vertraut, die Aufgaben selbstständig und kompetent erledigen zu können.[43]

In der Personalen Führung wird des Weiteren oft der Fehler begangen, dass die Führungskraft den Mitarbeitern keine klaren Vorgaben macht und dementsprechend keine Ziele, keine Richtung und auch keine Prioritäten vermittelt werden. Die Angestellten werden also alleine mit sich und ihren Aufgaben gelassen. Die Folgen sind häufige Fehler und ein ständiges Eingreifen, Korrigieren und Verbessern aufseiten der Führungskraft. Darunter leidet natürlich auch die Stimmung im Team, da sowohl die Angestellten als auch der Vorgesetzte durch die schlechte Gesamtsituation frustriert sind.[44]

Ein weiterer Fehler im Führungsverhalten ist das Scheuen vor Konflikten. Oft werden diese nämlich nicht wahrgenommen oder so lange von der Führungskraft verdrängt, bis es eigentlich schon zu spät ist. Problematisch ist hierbei, dass der Vorgesetzte an einem bestimmten Punkt des Konflikts nicht mehr als neutraler Vermittler gesehen wird und daher jeder Mitarbeiter versucht, ihn auf seine Seite

---

[42] Vgl. *Die BILDUNGSMANAGER KG* (2012)
[43] Vgl. *b-wise GmbH* (2019)
[44] Vgl. *b-wise GmbH* (2019)

zu ziehen. Die Führungskraft sollte demnach darin geschult werden, Konflikt-potenziale rechtzeitig wahrnehmen zu können.[45]

Obendrein gehört es zu einem schlechten personalen Führungsverhalten, wenn der Vorgesetzte zu wenig vor Ort ist. In der Praxis hört man in diesem Fall häufig: „Den Chef erreicht man nie, der ist nur unterwegs." Gründe für die Abwesenheit können zum einen sein, dass der Vorgesetzte tatsächlich vielen wichtigen Meetings außerhalb nachgehen muss, oder dass er andererseits versucht, sich seiner Führungsaufgabe zu entziehen. Wenn der Chef allerdings selten anwesend ist können die Mitarbeiter keine Fragen oder Probleme ansprechen, sie erhalten kein Feedback, bekommen kein Lob und werden dadurch unmotiviert. Vor allem aber kann sich die Führungskraft bei ständiger Abwesenheit kein eigenes Bild von den Mitarbeitern machen. In diesem Fall wird es für den Vorgesetzten schwierig glaubwürdige Personalentscheidungen zu fällen sowie klare und angemessene Ziele zu vermitteln.[46]

Die Konsequenzen schlechter Führung, egal ob aus personalen oder strukturellen Gründen, sind enorm. Dabei gehören mangelnde Motivation, Unzufriedenheit oder eine ungenügende Identifikation mit dem eigenen Unternehmen noch zu den seichteren Konsequenzen. Riskant, und vor allem für das Unternehmen problematisch wird es, wenn die Mitarbeiter, oder sogar die Führungskraft selbst, so stark überlastet sind, dass es zu Depressionen, Burnout o. ä. kommt.[47]

Psychische Erkrankungen sind nicht nur für den Betroffenen schlimm, sondern bedeuten auch für den Arbeitgeber große finanzielle Belastungen oder sogar negative Auswirkungen auf die Außenwirkung.[48]

Die Unternehmen und im Besonderen die Führungskräfte können dem entgegensteuern, indem sie versuchen soziale Unterstützung anzubieten, Überstunden zu vermeiden, Arbeitsplatzunsicherheiten auszuräumen, den Mitarbeitern genug Handlungsspielraum einzuräumen, Vertrauen zu schenken und ebenso Wertschätzung entgegen zu bringen.[49]

---

[45] Vgl. *b-wise GmbH* (2019)
[46] Vgl. *b-wise GmbH* (2019)
[47] Vgl. *Die BILDUNGSMANAGER KG* (2012)
[48] Vgl. *Haufe-Lexware GmbH & Co. KG* (2019)
[49] Vgl. *Dearemployee GmbH* (2018)

Als Führungskraft und vor allem als Unternehmen muss man allerdings verstehen, dass Gesundheit kein Zustand ist, sondern ein Prozess, der lebenslang andauert. Gesundheitsfördernde Maßnahmen gehören zu den Themen, die im Unternehmensablauf fest verankert werden müssen und denen kontinuierlich nachgegangen werden muss. Dazu gehört auch, dass die Arbeitsbedingungen bewusst gestaltet, ständig neu überdacht sowie immer wieder verändert und angepasst werden müssen. Nur an einem gesunden Arbeitsplatz mit einer guten Führung können die Mitarbeiter ihre bestmögliche Leistung abrufen, was im wirtschaftlichen Sinne wiederum dem ganzen Unternehmen zugutekommt.[50]

Aufgabe 3

A 3.1 Die Transaktionale Führung

Im Vordergrund der Transaktionalen Führung stehen sachliche Austauschprozesse zwischen dem Vorgesetzten und den Mitarbeitern. Dieser Führungsstil unterstellt der Belegschaft rationales Handeln und nimmt an, dass sich die Mitarbeiter nur für das Unternehmen engagieren, wenn sie dafür entlohnt werden, beispielsweise durch Bonuszahlungen.[51]

Die Führungskraft lenkt also in diesem Fall das Verhalten des Mitarbeiters gezielt durch Belohnungen, vor allem durch Zielvereinbarungen. Die Transaktionale Führung erfordert demnach eine klare Definition der Ziele und das Setzen von Anreizen. Dazu muss der Vorgesetzte allerdings herausfinden, was dem Mitarbeiter besonders wichtig ist, um die individuell passende Belohnung in Aussicht stellen zu können.[52]

Durch den Austauschprozess lernt wiederum der Mitarbeiter, für welches Verhalten er eine Gegenleistung erwarten kann und wie man Bestrafungen vermeidet. Ziel ist auch bei diesem Führungsstil die Zufriedenheits-, Motivations-

---

[50] Vgl. *Bernatzeder* (2018), S. 65; Vgl. *Treier* (2019), S. 12; Vgl. *WEKA MEDIA GmbH & Co. KG* (2017)
[51] Vgl. *Mikisek* (2017), S. 78; Vgl. *Prof. Dr. Florian Becker* (o. J.); Vgl. *Stock-Homburg/Groß* (2019), S. 521
[52] Vgl. *Kauffeld* (2019), S. 115; Vgl. *Von Au* (2016), S. 96

und Leistungssteigerung des Mitarbeiters. Ist für den Beschäftigten der Zusammenhang zwischen Leistung und Belohnung jedoch nicht eindeutig oder wird das System als unfair oder manipulativ wahrgenommen, dann kann sich dieser Führungsstil aber auch negativ auf die Gruppenleistung auswirken.[53] Die Transaktionale Führung beinhaltet außerdem zwei wesentliche Führungsprinzipien:

- **Management-by-Exception:** [54]
  So lange alles positiv verläuft, mischt sich die Führungskraft nicht in das Handeln des Mitarbeiters ein. Erst wenn es den Anschein macht, dass der Geführte mit den Problemen nicht mehr alleine fertig wird, interveniert der Vorgesetzte.

- **Bedingte Belohnung:**[55]
  Hierbei folgt die Führung dem Tauschhandelsprinzip. Der Vorgesetzte bietet dem Mitarbeiter für eine bestimmte Leistung eine definierte, faire und individuell ausgerichtete Gegenleistung (Belohnung in Form von Entgelt, Lob, Aufstieg o. ä.) an. Beide Faktoren zusammen (Leistung und Gegenleistung) bieten folglich eine verlässliche Planungsgrundlage, sowohl für die Führungskraft als auch für den Mitarbeiter.

In der Praxis zweifelt man mittlerweile allerdings mehr und mehr an der Effektivität der Transaktionalen Führung, denn das Prinzip "Leistung nach Geld" gilt heute oft nicht mehr. Viele der Angestellten möchten nicht einfach nur für ihren Lebensunterhalt arbeiten, sondern vor allem einer für sie sinnvollen Tätigkeit nachgehen.[56]

A 3.2 Die Transformationale Führung

Die Transformationale Führung ist eine Erweiterung der Transaktionalen Führung. Dieses Führungsmodell führt dazu, dass die Mitarbeiter überdurchschnittlich hohe Leistungen erbringen, da sie der Führungskraft gegenüber

---

[53] Vgl. *Kauffeld* (2019), S. 115
[54] Vgl. *Kauffeld* (2019), S. 118; Vgl. *Mikisek* (2017), S. 79; Vgl. *Stock-Homburg/Groß* (2019), S. 521
[55] Vgl. *Finckler* (2017), S. 131; Vgl. *Kalaidos Fachhochschule AG* (2014); Vgl. *Mikisek* (2017), S. 79; Vgl. *Stock-Homburg/Groß* (2019), S. 521
[56] Vgl. *Prof. Dr. Florian Becker* (o. J.); Vgl. *Targena GmbH* (o. J.)

Bewunderung, Loyalität, Respekt und Vertrauen empfinden sowie eine enge Bindung zum Vorgesetzten verspüren.[57]

Bei der Transformationalen Führung konzentriert man sich deshalb nicht nur auf die klassischen Ziele, wie die Leistungssteigerung der Angestellten, sondern vielmehr auf den Mitarbeiter selbst. Ziel ist hierbei, dass sich die Mitarbeiter zu begeisterten Anhängern hin verändern. Für die Erreichung dieses Ziels bedient sich die Transformationale Führung vier wesentlicher Komponenten, die nachfolgend erläutert werden:[58]

- **Inspiration:**

  Die Führungskraft arbeitet mit attraktiven, emotionalisierenden und ambitionierten Visionen, um die Mitarbeiter zu begeistern und weckt darüber hinaus auch Hoffnung sowie Zuversicht, dass die Erwartungen der Mitarbeiter erfüllt werden können. Der Optimismus, das Engagement und das enthusiastische Auftreten des Vorgesetzten steckt die Mitarbeiter an. Mehr Einsatzbereitschaft, höhere Leistungsfähigkeit und bessere Ergebnisse aufseiten der Angestellten sind die Folge.

- **Charisma:**

  Da der Führende den Mitarbeitern erreichbare Visionen aufzeigt, fangen sie an der Führungskraft zu vertrauen und ihr nachzueifern, denn je charismatischer die Ausstrahlung des Vorgesetzten ist, desto größer ist der Identifikationsgrad. Außerdem ist die Führungskraft fachliches und moralisches Vorbild, da sie ausdrücklich klar macht, für welche Werte sie sich einsetzt, wodurch die Bedeutung der zu erreichenden Ziele nochmals verdeutlicht wird.

- **Geistige Anregung:**

  Um die Mitarbeiter dahingehend zu verändern, dass sie zu begeisterten Anhängern werden, werden bei der Transformationalen Führung bestehende Normen, Sichtweisen und Denkmodelle immer wieder in Frage gestellt. Der Vorgesetzte bringt so die Angestellten dazu sich unbekannten Visionen gegenüber zu öffnen und erzielt dadurch eine ideologische Veränderung. Durch diese Art der Führung werden die

---

[57] Vgl. *Finckler* (2017), S. 131, 188; Vgl. *Kauffeld* (2019), S. 116; Vgl. *Mikisek* (2017), S. 79; Vgl. *Targena GmbH* (o. J.)

[58] Vgl. *Kauffeld* (2019), S. 116; Vgl. *Mikisek* (2017), S. 80-81; Vgl. *Prof. Dr. Florian Becker* (o. J.); Vgl. *Stock-Homburg/Groß* (2019), S. 521; Vgl. *Von Au* (2016), S. 96

Mitarbeiter angeregt die bisherigen Vorgehensweisen und Prozesse zu hinterfragen und neue Lösungswege zu eruieren.

- **Individuelle Fürsorge:**
Bei der Transformationalen Führung stehen außerdem die Bedürfnisse jedes einzelnen Mitarbeiters im Vordergrund. Die Führungskraft weiß, dass jeder Mensch unterschiedlich ist und versucht die individuellen Motive und Fähigkeiten zu berücksichtigen. Gelingt dies dem Vorgesetzten, so ist es möglich aus jedem Mitarbeiter das Maximum an Leistung und Begeisterung hervorzurufen.

A 3.3 Warum ist die Transformationale Führung in Sachen Gesundheitsförderung der Transaktionalen Führung überlegen?

Gesunde Führung beinhaltet viele unterschiedliche Aspekte. Man kann jedoch sagen, dass jeder mitarbeiterorientierte Führungsstil ein gesunder Führungsstil ist. Eine hohe Qualität der Führungskraft-Mitarbeiter-Interaktion sowie eine aufgabenorientierte Führung tragen zum Wohlbefinden des Angestellten und demzufolge auch zu seiner Gesundheit bei.[59]

Die Transformationale Führung ist somit weitaus gesundheitsfördernder als die Transaktionale Führung, da sie auf Emotionalität, Wertschätzung, Charisma, geteilte Werte und Vertrauen setzt. Diese Aspekte wirken sich aus Sicht einer gesunden Führung positiv auf die psychische Gesundheit eines Menschen aus und vermeiden so z. B. Burnout oder Stress. Vor allem in kritischen Zeiten, in denen es einem Unternehmen vielleicht nicht so rosig geht, fördert ein transformationaler Führungsstil auch den Zusammenhalt unter Kollegen.[60]

Man muss jedoch festhalten, dass auch die Transaktionale Führung in Sachen Gesundheitsförderung nicht weit von der Transformationalen Führung entfernt ist. Allerdings ist der transaktionale Führungsstil eher zielorientiert, anstatt mitarbeiterorientiert, und führt daher nur bedingt zu einer Reduktion von affektiven Symptomen, wie Burnout, Stress oder anderen Gesundheitsbeschwerden.[61]

---

[59] Vgl. *Gregersen* (o. J.), S. 129; Vgl. *Uhle/Treier* (2019), S. 175
[60] Vgl. *Gregersen* (o. J.), S. 129; Vgl. *Montano/Reeske-Behrens/Franke* (2016), S. 36, 44; Vgl. *Uhle/Treier* (2019), S. 176, 633
[61] Vgl. *Montano/Reeske-Behrens/Franke* (2016), S. 44

Auch aufgrund der Vorbildfunktion des Vorgesetzten ist die Transformationale Führung dem transaktionalen Führungsmodell überlegen. Diese hat nämlich zur Folge, dass das Arbeitssicherheitsbewusstsein der Mitarbeiter positiv beeinflusst wird und dadurch die Arbeitssicherheitsmaßnahmen deutlich mehr Beachtung erhalten.[62]

Letztlich wirken sich beide Führungsstile gesundheitsfördernd auf die Angestellten aus, wenngleich die Transformationale Führung dominiert, da sie stärker auf den Mitarbeiter, also den Menschen an sich, ausgerichtet ist und deshalb der gesundheitliche Aspekt hier mehr Beachtung erhält.

---

[62] Vgl. *Montano/Reeske-Behrens/Franke* (2016), S. 14

Literaturverzeichnis

Bücher:

Berger, P. (2018), Praxiswissen Führung, 1. Auflage, Berlin.

Bernatzeder, P. (2018), Erfolgsfaktor Wohlbefinden am Arbeitsplatz, 1. Auflage, Berlin.

Fegert, J./Kölch, M./König, E./Harsch, D./Witte, S./Hoffmann, U. (2018), Schutz vor sexueller Gewalt und Übergriffen in Institutionen, 1. Auflage, Berlin.

Finckler, P. (2017), Transformationale Führung, 1. Auflage, Berlin/Heidelberg.

Kauffeld, S. (2019), Arbeits-, Organisations- und Personalpsychologie für Bachelor, 3. Auflage, Berlin.

Lippmann, E./Pfister, A./Jörg, U. (2019), Handbuch - Angewandte Psychologie für Führungskräfte, 5. Auflage, Berlin.

Stock-Homburg, R./Groß, M. (2019), Personalmanagement, 4. Auflage, Wiesbaden.

Treier, M. (2019), Wirtschaftspsychologische Grundlagen für Personal-management, 1. Auflage, Berlin.

Uhle, Th./Treier, M. (2019), Betriebliches Gesundheitsmanagement, 4. Auflage, Wiesbaden.

Ulmer, G. (2019), Führen mit Rollenbildern, 3. Auflage, Berlin.

Von Au, C. (2016), Wirksame und nachhaltige Führungsansätze, 1. Auflage, Wiesbaden.

Von Au, C. (2018), Anreizsysteme für Leadership-Organisationen, 1. Auflage, Wiesbaden.

Von Känel, S. (2018), Betriebswirtschaftslehre – Eine Einführung, 1. Auflage, Wiesbaden.

Studien und Broschüren von Institutionen, Firmen und Verbänden:

Gregersen, S. (o. J.), Führungsverhalten – Auswirkungen auf die Gesundheit, Berufsgenossenschaft für Gesundheitsdienst und Wohlfahrtspflege (BGW), o. A..

Möltner, H./Benkhofer, S./Hülsbeck, M. (2016), Gesunde Führung, Zentrum Fort- und Weiterbildung (ZFW), Witten.

Montano, D./Reeske-Behrens, A./Franke, F. (2016), Psychische Gesundheit in der Arbeitswelt, Bundesanstalt für Arbeitsschutz und Arbeitsmedizin (BAuA), Dortmund/Berlin/Dresden.

Studienbrief:

Mikisek, I. (2017), Führungstheorien, 2. Auflage, Studienbrief der SRH Fernhochschule, Riedlingen.

Artikel aus dem Internet:

b-wise GmbH (2010): Gesundheit der Mitarbeiter, https://www.business-wissen.de/artikel/gesundheit-der-mitarbeiter-menschen-und-unternehmen-tragen-verantwortung/, abgerufen am 16.11.2019.

b-wise GmbH (2019): Führungskompetenz entwickeln, https://www.business-wissen.de/hb/typische-fuehrungsprobleme/, abgerufen am 17.11.2019.

b-wise GmbH (2019): Stellenbeschreibung, https://www.business-wissen.de/hb/warum-und-wofuer-eine-stellenbeschreibung/, abgerufen am 13.11.2019.

Dearemployee GmbH (2018): Ursachen, Folgen und Reduktion psychischer Belastung am Arbeitsplatz, https://www.dearemployee.de/ursachen-folgen-und-bekaempfung-psychischer-belastung-am-arbeitsplatz/, abgerufen am 17.11.2019.

Die BILDUNGSMANAGER KG (2012): Schlechte Führung durch strukturelle Probleme, https://www.3minutencoach.com/news/schlechte-fuehrung-durch-strukturelle-probleme-3559/, abgerufen am 17.11.2019.

Haufe-Lexware GmbH & Co. KG (2019): Was können Unternehmen gegen psychische Erkrankungen tun?, https://www.haufe.de/arbeitsschutz/ gesundheit-umwelt/was-koennen-unternehmen-gegen-psychische-erkrankungen-tun_94_446112.html, abgerufen am 17.11.2019.

Kalaidos Fachhochschule AG (2014): HR und Leadership, https://www.kalaidos-fh.ch/de-CH/Blogs/Posts/2014/05/charismatisch-transformierend-und-transaktional-die-3-fuehrungsstile-im-ueberblick, abgerufen am 14.11.2019.

Kira Volgmann (2017): Strukturelle Führung, https://www.leadership-insiders.de/lexikon/strukturelle-fuehrung/?cookie-state-change=1573580624630, abgerufen am 12.11.2019.

Lernkarten Verlag (o. J.): Führungstechniken – Die wichtigsten Management-by-Techniken im Überblick, https://www.lernkarten.de/ fuehrungstechniken-die-wichtigsten-management-by-konzepte-im-ueberblick/, abgerufen am 13.11.2019.

novo per motio KG (2012): Das Führungsdilemma, http://www.perspektive-
mittelstand.de/Das-Fuehrungsdilemma-Gefangen-im-Management-
Sandwich/management-wissen/4703.html, abgerufen am 16.11.2019.

Prof. Dr. Florian Becker (o. J.): Transformationale Führung und transaktionale
Führung, https://wpgs.de/fachtexte/fuehrung-von-mitarbeitern
/transformationale-fuehrung-und-transaktionale-fuehrung/, abgerufen am
14.11.2019.

Spektrum der Wissenschaft Verlagsgesellschaft mbH (o. J.): Führung,
https://www.spektrum.de/lexikon/psychologie/fuehrung/5385, abgerufen
am 12.11.2019.

Targena GmbH (o. J.): Transformationale und Transaktionale Führung,
http://www.transformationale-fuehrung.com/Transformationale-Fuehrung-
Definition.html, abgerufen am 14.11.2019.

WEKA MEDIA GmbH & Co. KG (2017): Mentale Gesundheit - Die Führung ist
entscheidend für die Performance, https://www.foerderland.de/managen/
personal/news-personal/artikel/mentale-gesundheit-selbstfuehrung-
bessere-performance/, abgerufen am 16.11.2019.

Wirtschaftslexikon24.com (o. J.): Management by Motivation,
http://www.wirtschaftslexikon24.com/d/management-by-motivation/
management-by-motivation.htm, abgerufen am 13.11.2019.

Wirtschaftslexikon24.com (o. J.): Management by Results,
http://www.wirtschaftslexikon24.com/d/management-by-results/
management-by-results.htm, abgerufen am 13.11.2019.